Metodología BANT: la fórmula secreta para calificar clientes potenciales y aumentar las ventas

PRESENTACIÓN 4

INTRODUCCIÓN A BANT: LA BASE DE LA CALIFICACIÓN LEAD 8

PRESUPUESTO: EVALUACIÓN DE LA CAPACIDAD FINANCIERA..13

AUTORIDAD: IDENTIFICAR A LOS TOMADORES DE DECISIONES 18

NECESIDAD: COMPRENSIÓN DE LOS REQUISITOS DEL CLIENTE 23

CRONOGRAMA (FECHA LÍMITE): ENTENDIENDO LA URGENCIA DEL CLIENTE 28

APLICAR BANT EN DIFERENTES ESCENARIOS DE VENTAS 33

COMUNICACIÓN EFECTIVA USANDO BANT 38

SUPERAR OBJECIONES CON LA AYUDA DE BANT 43

INTEGRACIÓN DE BANT CON OTRAS ESTRATEGIAS DE VENTAS..48

HERRAMIENTAS Y TECNOLOGÍAS PARA APOYAR A BANT 53

FORMACIÓN Y DESARROLLO DE HABILIDADES EN BANT 58

PLAN DE ACCIÓN DE 30 DÍAS PARA IMPLEMENTAR BANT 62

REGINALDO OSNILDO..68

PRESENTACIÓN

¡Bienvenido al comienzo de un viaje transformador en el mundo de las ventas! Si eres un profesional de ventas o formas parte de un equipo dedicado a este universo competitivo y dinámico, sabes que el éxito no llega por casualidad. Es necesario mejorar constantemente tus técnicas, estrategias y, sobre todo, la forma de calificar a tus leads. Aquí es donde nuestro libro, "**Metodología BANT: la fórmula secreta para calificar clientes potenciales y aumentar las ventas**", entra en juego para ser tu aliado en este proceso.

Este no es un libro más sobre ventas. Aquí encontrará una síntesis refinada del conocimiento tradicional combinada con una perspectiva actualizada sobre el método BANT (Presupuesto, Autoridad, Necesidad, Línea de Tiempo), una herramienta clásica y extremadamente eficaz para calificar clientes potenciales. Pero vamos más allá: decodificamos y adaptamos este método para que encaje perfectamente con las exigencias y retos del mercado actual.

A lo largo de este libro, te guiarás por capítulos que se complementan y se desarrollan de forma fluida y lógica, siempre con el objetivo de que tu lectura no sólo sea informativa, sino también inspiradora y práctica. Desde la introducción al framework BANT, pasando por el análisis detallado de cada uno de sus componentes (Presupuesto, Autoridad, Necesidad, Cronograma), hasta la aplicación de estos conceptos en diferentes escenarios de ventas, comunicación efectiva, superación de objeciones, integración con otras estrategias de ventas. , y mucho más.

Cada capítulo ha sido cuidadosamente elaborado pensando en usted: queremos que se sienta invitado a explorar el libro completo, profundizando progresivamente su comprensión y sus habilidades. Además, reconocemos la importancia de la tecnología y las herramientas digitales para apoyar el proceso de ventas, por eso hemos dedicado un espacio especial para discutir cómo aprovecharlas al máximo.

Este libro es el resultado de una profunda investigación y mi experiencia en el campo de las ventas, con el propósito de acercarte contenido de valor que sintetice conocimientos de vanguardia y contribuya significativamente a tu crecimiento profesional. Aquí encontrará no solo teoría, sino también una serie de consejos prácticos y un plan de acción concreto para los próximos 30 días, diseñados para ayudarle a implementar el método BANT en sus rutinas de ventas, elevando sus habilidades de calificación de clientes potenciales a un nuevo nivel.

Te invito a embarcarte en este viaje de descubrimiento y mejora. Prepárate para sumergirte en el universo BANT, donde el objetivo es claro: maximizar tus resultados en calificación de ventas, permitiéndote a ti y a tu equipo no solo alcanzar, sino superar tus metas.

Deje que este libro sea su guía para el éxito en las ventas. ¿Empecemos?

En el próximo capítulo, "**INTRODUCCIÓN A BANT: LA BASE DE LA CALIFICACIÓN DE LEADS** ", dará el primer paso para comprender la base sobre la cual construiremos todo nuestro trabajo. ¿Estás listo para transformar la forma en que calificas a tus clientes potenciales y maximizar tu eficiencia de ventas? Entonces, ¡pasa página y emprendamos este viaje juntos!

Tuyo sinceramente

Reginaldo Osnildo

INTRODUCCIÓN A BANT: LA BASE DE LA CALIFICACIÓN LEAD

A medida que profundizamos en la esencia de este libro, es esencial comenzar con la base que sustenta toda la estructura de calificación de leads de ventas: el método BANT. Originado a partir de un concepto desarrollado por IBM en décadas pasadas, BANT se ha convertido en una herramienta atemporal para los profesionales de ventas de todo el mundo. Pero, ¿qué es exactamente BANT y por qué sigue siendo tan relevante en la era digital actual?

BANT es un acrónimo de **Presupuesto, Autoridad, Necesidad y Cronograma**. Cada letra representa un criterio esencial para determinar la viabilidad y el potencial de convertir un cliente potencial en un cliente. Exploremos cada uno de ellos:

- **Presupuesto:** Se refiere a la capacidad financiera del lead para adquirir su producto o servicio. Comprender el presupuesto de su cliente potencial es crucial para adaptar su propuesta de valor de acuerdo con las limitaciones u oportunidades financieras.

- **Autoridad:** Identifica quién tiene el poder de decisión sobre la compra. En muchas organizaciones, especialmente en las ventas B2B, la decisión de compra es un proceso complejo que involucra a varias personas o departamentos. Saber con quién está hablando puede ahorrarle tiempo y orientar sus esfuerzos de forma más eficaz.

- Necesidad: Comprender las necesidades específicas de sus clientes potenciales es el corazón de la venta consultiva. Sin conocer en profundidad qué necesita tu cliente potencial es imposible ofrecer una solución realmente valiosa que justifique la inversión.

- Cronograma: El tiempo es un factor crítico en las ventas. Saber cuándo el cliente tiene la intención de realizar una compra puede ayudarle a ajustar su enfoque, ya sea acelerando el proceso de ventas o fomentando la relación con el cliente potencial hasta que esté listo para comprar.

¿POR QUÉ BANT ES TAN EFICAZ?

El método BANT ha resistido la prueba del tiempo por una sencilla razón: es práctico. Al calificar a los leads según estos cuatro criterios, podrás centrar tus esfuerzos en los contactos más prometedores, optimizar tu proceso de ventas y, en consecuencia, mejorar tus tasas de conversión. En un mundo donde el tiempo es un recurso valioso, saber dónde invertir su energía puede marcar la diferencia entre un trimestre exitoso y uno de estancamiento.

ADAPTANDO BANT A LA REALIDAD ACTUAL

Aunque BANT tiene sus raíces en un contexto de ventas quizás más simple, su esencia es perfectamente aplicable a las complejidades del mercado actual. La diferencia es cómo adaptamos e interpretamos cada elemento de BANT para satisfacer las expectativas y comportamientos de los consumidores modernos. Por ejemplo, la autoridad para tomar decisiones ahora puede estar dispersa entre múltiples personas influyentes dentro de una organización, o incluso fuera de ella, en las redes sociales y foros en línea.

En este capítulo, exploramos la base sobre la cual construiremos nuestra comprensión y aplicación de BANT. En los siguientes capítulos, profundizaremos en cada uno de los componentes BANT, detallando estrategias y técnicas para que las aplique de manera efectiva en sus interacciones de ventas. Descubrirá no sólo cómo adaptar su enfoque a cada criterio, sino también cómo utilizar BANT de forma flexible y creativa, alineándolo con los matices del comportamiento del consumidor contemporáneo.

Ahora que comprende la estructura fundamental de BANT y su relevancia en el proceso de calificación de clientes potenciales, está listo para seguir adelante y explorar cada aspecto en detalle. En el próximo capítulo, **"PRESUPUESTO: EVALUACIÓN DE LA CAPACIDAD FINANCIERA "**, discutiremos cómo identificar y abordar el presupuesto de su cliente potencial de manera efectiva, asegurando que sus soluciones se alineen con sus posibilidades y necesidades financieras.

Prepárate para profundizar tus conocimientos y habilidades, convirtiéndote en un maestro en el arte de calificar leads. Vayamos juntos en este viaje para maximizar sus resultados de ventas, paso a paso. Pasa página y sigamos explorando el universo de BANT.

PRESUPUESTO: EVALUACIÓN DE LA CAPACIDAD FINANCIERA

Comprender el presupuesto de un cliente potencial es fundamental para cualquier profesional de ventas. Este capítulo está dedicado a descubrir cómo puede evaluar las capacidades financieras de sus clientes potenciales y, lo que es más importante, cómo adaptar su enfoque de ventas para alinearse con sus capacidades financieras. Al fin y al cabo, conocer el presupuesto disponible influye directamente en la forma en que presentamos nuestras soluciones, ayudando a crear propuestas que no sólo satisfagan las necesidades del cliente, sino que también respeten sus limitaciones financieras.

LA IMPORTANCIA DE CONOCER EL PRESUPUESTO DEL LEAD

Comprender el presupuesto de su cliente potencial le permite ajustar su propuesta de valor para que coincida con las expectativas y las capacidades financieras del cliente. Esto no sólo significa evitar perder tiempo en negociaciones que nunca se materializarán, sino también construir una relación de confianza y transparencia desde el principio. Al demostrar que respeta las limitaciones financieras de su cliente potencial y que está dispuesto a trabajar dentro de ellas, establece una base sólida para futuras interacciones y negociaciones.

CÓMO IDENTIFICAR EL PRESUPUESTO PRINCIPAL

- **Preguntar directamente:** Aunque parezca una obviedad, muchos profesionales dudan en preguntar directamente sobre el presupuesto. Sin embargo, abordar el asunto de manera abierta y profesional puede ahorrar tiempo y esfuerzo a ambas partes. Formule sus preguntas de manera que demuestre su intención de comprender las necesidades y limitaciones del cliente potencial para ofrecer las soluciones más adecuadas.

- **Observe las señales indirectas:** El cliente potencial no siempre estará dispuesto o será capaz de proporcionar información clara sobre su presupuesto. En estos casos, es importante prestar atención a señales indirectas, como comentarios sobre costos anteriores, decisiones de compra pasadas o incluso el nivel de urgencia demostrado en relación con la solución buscada.

- **Utilice herramientas CRM y datos de mercado:** las herramientas de gestión de relaciones con el cliente (CRM) y el análisis de datos de mercado pueden ofrecer información valiosa sobre el potencial presupuestario de un cliente potencial, basándose en información como el tamaño de la empresa, el desempeño de la industria e incluso compras anteriores.

ADAPTAR SU ENFOQUE DE VENTAS AL PRESUPUESTO DEL LEAD

Una vez que tenga una comprensión clara del presupuesto de su cliente potencial, el siguiente paso es adaptar su enfoque de ventas en consecuencia. Esto podría significar:

- **Personalizar paquetes y ofertas:** desarrollar opciones de paquetes de productos o servicios que puedan ajustarse para adaptarse a diferentes rangos de presupuesto. Esto no sólo aumenta sus posibilidades de cerrar una venta, sino que también demuestra flexibilidad y comprensión de las necesidades del cliente.

- **Enfatice el ROI (retorno de la inversión):** para clientes potenciales con presupuestos restringidos, es fundamental resaltar el valor que ofrece su solución en términos de retorno de la inversión. Centrarse en cómo el producto o servicio puede ahorrar dinero a largo plazo, aumentar la eficiencia o aumentar los ingresos puede ayudar a justificar el costo frente al presupuesto disponible.

- **Negociación de condiciones de pago:** Ser flexible en las condiciones de pago. Ofrecer planes de pago extendidos, descuentos por pagos en efectivo u otras condiciones especiales puede marcar la diferencia a la hora de cerrar una venta dentro del presupuesto del cliente potencial.

Con una comprensión clara de su presupuesto de clientes potenciales y de las estrategias para adaptar su propuesta de valor, estará preparado para avanzar en el proceso de calificación de clientes potenciales. Sin embargo, identificar el presupuesto es sólo una parte de la ecuación. El siguiente paso, y el tema de nuestro próximo capítulo, es comprender la **"AUTORIDAD: IDENTIFICAR A LOS TOMADORES DE DECISIONES"** dentro de la organización de su líder.

En el próximo capítulo, exploraremos estrategias para asegurarnos de que esté hablando con las personas adecuadas capaces de tomar o influir en la decisión de compra. Después de todo, alinear su solución con el presupuesto del cliente potencial solo es efectivo si se la presenta a quienes realmente tienen el poder de decir "sí".

Prepárese para sumergirse en los matices de identificar e involucrar a los tomadores de decisiones. Este conocimiento no sólo acelera el proceso de ventas, sino que también aumenta significativamente sus posibilidades de éxito. Continuemos este viaje juntos, convirtiendo cada oportunidad en una venta exitosa.

AUTORIDAD: IDENTIFICAR A LOS TOMADORES DE DECISIONES

Avanzando en nuestro camino hacia el dominio del método BANT, llegamos a un aspecto crucial que puede definir el éxito o el fracaso de una venta: identificar a los tomadores de decisiones. En este capítulo, exploraremos estrategias efectivas para asegurarnos de que está hablando con la persona adecuada, la que tiene la autoridad para tomar o influir en la decisión de compra. Comprender quién tiene el poder de tomar decisiones es vital, porque incluso con el presupuesto adecuado y una necesidad clara, si su solución no llega a manos de las personas adecuadas, las posibilidades de conversión pueden reducirse significativamente.

LA IMPORTANCIA DE IDENTIFICAR A LOS TOMADORES DE DECISIONES

En muchas organizaciones, la decisión de compra no la toma una sola persona, sino que es el resultado de un proceso colaborativo que puede involucrar a múltiples stakeholders, cada uno con sus propias inquietudes y criterios de evaluación. Identificar e involucrar a los tomadores de decisiones desde el principio es crucial para:

- **Acelerar el proceso de venta:** Al evitar perder el tiempo con intermediarios que no tienen poder de decisión, podrás centrar tus esfuerzos donde realmente importan.

- **Personalice su enfoque:** comprender las motivaciones y responsabilidades específicas de los tomadores de decisiones le permite adaptar su comunicación para abordar sus inquietudes particulares.

- **Aumentar la probabilidad de éxito:** Cuando tu solución se presenta directamente a quienes pueden decir "sí", las posibilidades de cerrar una venta son significativamente mayores.

CÓMO IDENTIFICAR A LOS TOMADORES DE DECISIONES

- **Investigación preliminar:** utilice redes sociales profesionales como LinkedIn, sitios web corporativos y publicaciones de la industria para identificar quién ocupa puestos de liderazgo y toma de decisiones en áreas relevantes para su solución.

- **Preguntas estratégicas:** durante sus interacciones con el líder, haga preguntas que puedan revelar la estructura de toma de decisiones de la empresa. Por ejemplo, pregunte cómo se tomaron decisiones similares anteriores y quién estuvo involucrado en el proceso.

- **Observación y escucha activa:** En reuniones y presentaciones observar la dinámica entre los participantes. ¿Quién hace más preguntas? ¿Quién parece tener la última palabra? La escucha activa durante estas interacciones puede proporcionar pistas valiosas.

- Solicite recomendaciones: en algunos casos, puede resultar útil pedirle directamente a su contacto actual que le recomiende a la mejor persona para discutir su propuesta. Esto se puede hacer de manera respetuosa, enfatizando su deseo de garantizar que la información llegue a las manos adecuadas.

INVOLUCRAR A LOS TOMADORES DE DECISIONES

Identificar a los tomadores de decisiones es sólo el primer paso; involucrarlos efectivamente es el próximo desafío. A continuación se ofrecen algunos consejos:

- Personalice su mensaje: según su investigación, adapte su mensaje para que resuene con los intereses y necesidades específicos de los tomadores de decisiones.

- Demostrar valor: enfatice cómo su solución puede resolver problemas específicos, mejorar procesos o contribuir a los objetivos de la empresa de forma mensurable.

- Facilite la decisión: proporcione historias de éxito, testimonios y datos que puedan ayudar a mitigar los riesgos percibidos y facilitar el proceso de toma de decisiones.

Ahora que sabe cómo identificar e involucrar a los tomadores de decisiones, es hora de profundizar nuestra comprensión de las necesidades de sus clientes potenciales. En el siguiente capítulo, **"NECESIDAD: COMPRENSIÓN DE LOS REQUISITOS DEL CLIENTE"**, exploraremos técnicas para descubrir las verdaderas necesidades de sus clientes, lo que le permitirá personalizar sus soluciones de manera aún más efectiva.

Una comprensión profunda de las necesidades del cliente es clave para presentar su solución no sólo como una opción, sino como la opción obvia. Prepárese para sumergirse en estrategias que transformarán su enfoque de ventas, alineándolo irresistiblemente con los deseos y necesidades de sus clientes. Sigamos adelante, ya que cada paso nos acerca a maximizar nuestros resultados de calificación de ventas.

NECESIDAD: COMPRENSIÓN DE LOS REQUISITOS DEL CLIENTE

Profundizando aún más en la metodología BANT, llegamos a un componente esencial que define la efectividad de nuestras ventas: La Necesidad. Este capítulo está dedicado a explorar cómo puede descubrir y comprender las verdaderas necesidades de sus clientes, un paso crucial que le permite personalizar sus soluciones de una manera eficaz y específica. Comprender lo que su cliente realmente necesita no sólo fortalece la propuesta de valor de su producto o servicio, sino que también establece una conexión más profunda con el cliente, demostrando que está genuinamente interesado en resolver sus problemas y cumplir con sus expectativas.

LA IMPORTANCIA DE ENTENDER LAS NECESIDADES DEL CLIENTE

Identificar las necesidades de los clientes va mucho más allá de escuchar lo que dicen que quieren. Implica un análisis cuidadoso del subtexto, las circunstancias e incluso los problemas tácitos que su solución puede resolver. Este entendimiento permite:

- **Alinear tu propuesta de valor:** Asegúrate de que lo que ofreces resuelva los problemas específicos del cliente, aumentando la relevancia y el impacto de tu solución.

- **Construir relaciones duraderas:** al centrarse en las necesidades del cliente, demuestra empatía y compromiso, elementos clave para generar confianza y lealtad a largo plazo.

- Diferenciarte de la competencia: Cuando comprendes y satisfaces las necesidades de los clientes de manera más efectiva que tus competidores, destacas en el mercado.

TÉCNICAS PARA DESCUBRIR LAS NECESIDADES DEL CLIENTE

- Hacer preguntas abiertas: Iniciar conversaciones que animen al cliente a hablar sobre sus desafíos, metas e inquietudes. Preguntas como "¿Qué crees que se podría mejorar en tu proceso actual?" o "¿Cuáles son tus principales objetivos para este año?" puede revelar necesidades profundas.

- Escucha activa: Prestar atención no sólo a lo que se dice, sino a cómo se dice. El lenguaje corporal, el tono de voz y lo que no se dice pueden ofrecer pistas valiosas sobre las verdaderas necesidades del cliente.

- Análisis de casos anteriores: Examinar situaciones anteriores con clientes similares para identificar patrones de necesidades que puedan aplicarse al caso actual.

- Utilice los comentarios de los clientes: los comentarios y reseñas de los clientes existentes pueden proporcionar información sobre las necesidades comunes que puede anticipar en futuras negociaciones.

PERSONALIZACIÓN DE SOLUCIONES BASADAS EN LAS NECESIDADES

Con una comprensión clara de las necesidades del cliente, ahora puede personalizar sus soluciones para que resuenen directamente con lo que más le importa al cliente. Esto involucra:

- **Adaptación de características y beneficios:** Resalta los aspectos de tu producto o servicio que se alinean directamente con las necesidades identificadas.

- **Creación de propuestas personalizadas:** Elaborar propuestas que reflejen una comprensión de las necesidades específicas del cliente, demostrando cómo su solución es la mejor opción para satisfacerlas.

- **Proporcionar ejemplos relevantes:** utilice estudios de casos o testimonios que muestren cómo satisfizo necesidades similares de otros clientes, aumentando la credibilidad y la confianza en su solución.

Comprender las necesidades de sus clientes es sólo una parte de la ecuación para calificar eficazmente a los clientes potenciales. El siguiente componente,

"CRONOGRAMA (FECHA LÍMITE): ENTENDIENDO LA URGENCIA DEL CLIENTE", le brindará estrategias para determinar el cronograma ideal para comprar o implementar su solución. Saber cuándo el cliente planea actuar es crucial para ajustar tu estrategia de ventas y presionar en el momento adecuado.

Este conocimiento no solo le ayuda a sincronizar sus acciones con el ciclo de compra del cliente, sino que también le permite ofrecer soporte e información valiosa en el momento en que más se necesita. Prepárese para explorar cómo comprender e influir en el cronograma de sus clientes puede acelerar sus ventas y mejorar la efectividad de la calificación de sus clientes potenciales. Pasemos al siguiente capítulo, donde cada momento es una oportunidad para acercarnos aún más al cierre de la venta.

CRONOGRAMA (FECHA LÍMITE): ENTENDIENDO LA URGENCIA DEL CLIENTE

Avanzar en el proceso de calificación de clientes potenciales utilizando el método BANT ahora nos lleva a explorar la "Línea de tiempo" o Fecha límite, un componente esencial que determina la urgencia y el momento de la decisión de compra del cliente. Este capítulo se centra en cómo puede determinar e influir en el cronograma de su cliente para comprar o implementar una solución ajustando su estrategia de ventas para alinearse con esos cronogramas. Comprender el cronograma del cliente no se trata solo de saber cuándo actuar, sino también de cómo su solución puede encajar perfectamente en las necesidades temporales y de planificación del cliente.

LA IMPORTANCIA DEL CRONOGRAMA EN EL PROCESO DE VENTAS

El tiempo puede ser tan crucial como el producto o servicio en sí. Una comprensión clara del plazo del cliente permite:

- **Priorizar los clientes potenciales:** centrar los esfuerzos en los clientes potenciales con plazos más inmediatos puede optimizar el flujo de ventas y mejorar la eficiencia general.

- **Personalizar propuestas:** Adaptar tu propuesta a las necesidades temporales del cliente puede diferenciarte de la competencia.

- Gestionar las expectativas: Alinear las expectativas entre usted y el cliente con respecto a los plazos evita malentendidos y construye una base de confianza.

CÓMO DETERMINAR EL CRONOGRAMA DEL CLIENTE

- Preguntas directas: Inicie la conversación sobre plazos preguntando directamente al cliente cuándo espera implementar la solución o realizar la compra. Sea específico con sus preguntas para obtener respuestas claras.

- Comprender el proceso de decisión: comprender cómo funciona el proceso de decisión en la organización del cliente puede brindarle información sobre los cronogramas típicos de compra e implementación.

- Identificar eventos desencadenantes: Eventos específicos, como la finalización de un contrato con un proveedor actual o un proyecto importante, pueden determinar el plazo para la toma de decisiones. Identifique estos eventos para comprender mejor la línea de tiempo del cliente.

- Utilice herramientas de CRM: las herramientas de CRM pueden ayudarle a rastrear y analizar información relacionada con el tiempo de decisiones pasadas, proporcionando una base para predecir el comportamiento futuro.

ADAPTANDO TU ESTRATEGIA DE VENTAS AL TIEMPO DEL CLIENTE

Una vez que comprenda la fecha límite del cliente, es hora de adaptar su estrategia de ventas para cumplir con esa fecha límite:

- **Acelere la comunicación:** para clientes potenciales con plazos ajustados, intensifique la comunicación y ofrezca respuestas rápidas a sus consultas.

- **Ofrecer soluciones ágiles:** Para clientes que necesitan soluciones en un corto periodo de tiempo, resalte la agilidad y facilidad de implementación de su producto o servicio.

- **Planificación a largo plazo:** para clientes potenciales a más largo plazo, mantenga la relación a través de comunicaciones periódicas, proporcionando información relevante y valor continuo hasta que se acerque el momento de comprar.

Comprender y alinearse con el cronograma del cliente es fundamental para el éxito de las ventas. Sin embargo, la aplicación eficaz del método BANT no se limita a comprender cada componente de forma aislada; también se trata de integrarlos de forma cohesiva y adaptarlos a diferentes contextos y escenarios de ventas.

En el próximo capítulo, "**APLICAR BANT EN DIFERENTES ESCENARIOS DE VENTAS**", exploraremos cómo el método BANT se puede adaptar y aplicar no solo en ventas B2B, sino también en escenarios B2C, startups y en contextos que exigen enfoques de venta consultiva. Este capítulo le proporcionará conocimientos prácticos para maximizar la eficacia del método BANT, sin importar en qué escenario de ventas se encuentre.

Prepárese para ampliar su comprensión y aplicación de BANT adaptando sus estrategias para satisfacer las necesidades únicas de cada cliente y escenario de ventas. Avancemos juntos, ya que cada interacción es una oportunidad para aprender, adaptar y mejorar nuestras técnicas de calificación de leads.

APLICAR BANT EN DIFERENTES ESCENARIOS DE VENTAS

Ahora que hemos explorado los pilares del método BANT (Presupuesto, Autoridad, Necesidad, Cronograma), es hora de ver cómo se aplican estos conceptos en diferentes escenarios de ventas. Cada contexto, ya sea B2B (Business to Business), B2C (Business to Consumer), startups o ventas consultivas, requiere adaptación y una comprensión específica de cómo aplicar BANT de forma eficaz. Este capítulo lo ayudará a navegar por estas variaciones, asegurándose de que pueda maximizar la efectividad de sus estrategias de calificación de clientes potenciales, independientemente del escenario.

B2B: COMPLEJIDAD Y MÚLTIPLES TOMADORES DE DECISIONES

En las ventas B2B, el proceso de decisión a menudo involucra a múltiples partes interesadas, cada una con sus propias necesidades y autoridad dentro de la organización. Aquí, el componente "Autoridad" de BANT es particularmente crítico. La clave es identificar e involucrar a todos los influyentes y tomadores de decisiones relevantes:

- **Mapear la estructura organizacional:** entender quiénes son los principales tomadores de decisiones e influenciadores. Utilice herramientas como mapas de partes interesadas para visualizar la red de influencia.

- **Adapte el mensaje a diferentes intereses:** personalice su comunicación para abordar las necesidades e inquietudes específicas de cada parte interesada.

B2C: ENFOQUE EN LAS NECESIDADES Y EL CRONOGRAMA

En las ventas B2C, los ciclos de ventas tienden a ser más cortos y la decisión suele recaer en el individuo o la familia. Aquí, los componentes "Necesidad" y "Cronología" son vitales. Es importante captar rápidamente el interés de los consumidores y adaptar su enfoque para satisfacer sus necesidades inmediatas y el momento de compra:

- **Cree mensajes convincentes:** oriente sus mensajes para resolver necesidades o deseos específicos de los consumidores.

- **Agilidad en el seguimiento:** Responda rápidamente a las consultas y sea proactivo en el seguimiento, alineando sus acciones con el sentido de urgencia del consumidor.

STARTUPS: FLEXIBILIDAD E INNOVACIÓN

Las empresas emergentes operan en un entorno que cambia rápidamente y, a menudo, venden productos innovadores o disruptivos. Aquí, el desafío es educar al mercado y al mismo tiempo calificar a los clientes potenciales. El componente "Necesidad" adquiere una nueva dimensión, donde es posible que sea necesario crear o identificar una necesidad que el cliente aún no ha reconocido:

- **Eduque a su audiencia:** proporcione información valiosa que destaque la necesidad de su producto o servicio, incluso si el cliente aún no está buscando activamente una solución.

- **Demostrar valor único:** enfatice cómo su oferta es diferente y superior a las soluciones tradicionales o existentes.

VENTAS CONSULTADAS: CONSTRUYENDO RELACIONES

En la venta consultiva, el foco está en construir una relación de confianza con el cliente, comprender profundamente sus necesidades y ofrecer soluciones personalizadas. Aquí, la "Necesidad" y la "Autoridad" son fundamentales, ya que es necesario comprender exactamente qué necesita el cliente y asegurarse de comunicarse con la persona adecuada:

- **Desarrollar un diálogo:** Establecer una conversación abierta para explorar en profundidad las necesidades del cliente, actuando más como un consultor que como un comercial.

- **Enfoque de la solución:** muestre cómo su solución puede resolver los problemas específicos de sus clientes personalizando su oferta para satisfacer sus necesidades únicas.

INTEGRANDO BANT EN SU PROCESO DE VENTAS

Independientemente del escenario de ventas, integrar el método BANT en tu proceso requiere práctica y adaptación. Considere BANT como una guía flexible, no como un conjunto rígido de reglas. La capacidad de adaptar cada elemento de BANT al contexto específico de su cliente potencial es lo que distingue a los profesionales de ventas exitosos.

Ahora que entendemos cómo aplicar BANT en varios escenarios de ventas, el siguiente capítulo, **"COMUNICACIÓN EFECTIVA USANDO BANT"**, se centrará en cómo puede comunicar su valor y diferenciador, utilizando la información recopilada a través de BANT para hablar directamente con las necesidades del cliente. Este capítulo será crucial para convertir las calificaciones en conversiones al enseñarle cómo utilizar BANT no solo como una herramienta de calificación, sino como una poderosa estrategia de comunicación.

Prepárese para profundizar sus habilidades de comunicación y ventas utilizando BANT para crear conexiones más significativas con sus clientes y mejorar sus resultados. Avancemos juntos en este viaje de aprendizaje y éxito.

COMUNICACIÓN EFECTIVA USANDO BANT

Dominar el método BANT es más que una simple forma de calificar clientes potenciales; También es una poderosa estrategia de comunicación. En este capítulo, exploraremos cómo puede utilizar la información recopilada a través de BANT para comunicar su valor y diferenciador de manera efectiva, asegurando que su mensaje resuene directamente con las necesidades y expectativas del cliente. El arte de la comunicación eficaz, cuando se combina con una comprensión profunda de los criterios BANT, puede transformar a los clientes potenciales en socios a largo plazo.

ENTENDIENDO EL PODER DE LA COMUNICACIÓN EN BANT

Cada elemento de BANT ofrece información valiosa que puede utilizarse para mejorar su comunicación:

- **Presupuesto:** Conocer el presupuesto del cliente le permite ajustar su propuesta a las limitaciones financieras, resaltando el valor que ofrece su solución en términos de costo-beneficio.

- **Autoridad :** Comprender quién toma las decisiones le permite adaptar su mensaje para abordar las preocupaciones y objetivos específicos de quienes toman las decisiones.

- **Necesidad :** Identificar las necesidades de los clientes ayuda a centrar su comunicación en las soluciones y beneficios que más les importan.

- Cronograma: Conocer el cronograma del cliente le permite presentar su solución como la opción más viable para satisfacer sus necesidades urgentes.

ESTRATEGIAS PARA UNA COMUNICACIÓN EFICAZ

- Adapte su mensaje: utilice la información obtenida por BANT para dar forma a su mensaje de modo que aborde directamente los puntos débiles del cliente. Por ejemplo, si le preocupa el presupuesto, enfatice el retorno de la inversión (ROI) o las opciones de financiación flexibles.

- Cree urgencia con la línea de tiempo: cuando sepa que el cliente tiene una necesidad inmediata, utilícela para crear una sensación de urgencia. Muestre cómo su solución se puede implementar rápidamente para satisfacer esta necesidad, destacando la eficiencia y agilidad de su proceso.

- Utilice la autoridad para generar credibilidad: cuando se comunique con quienes toman decisiones, utilice datos, estudios de casos y testimonios para generar credibilidad. Muestre cómo otras empresas, preferiblemente en situaciones similares, se han beneficiado de su solución.

- Personalizar según las necesidades: hable sobre características específicas de su producto o servicio que satisfacen las necesidades identificadas. La personalización no sólo demuestra que comprendes lo que el cliente necesita, sino que también aumenta la relevancia de tu oferta.

LA COMUNICACIÓN COMO DIFERENCIA COMPETITIVA

En un mercado saturado, la capacidad de comunicarse eficazmente es un diferenciador competitivo crucial. Utilice la información recopilada a través de BANT no solo para calificar clientes potenciales, sino también para:

- Establecer conexiones emocionales: Además de los aspectos técnicos, es importante que tu comunicación toque puntos emocionales, creando una conexión más profunda con el cliente.

- Demuestre comprensión y empatía: demuestre que realmente comprende las necesidades y los desafíos del cliente y que está aquí para ayudar.

- Posicionarte como un asesor de confianza: Más que un vendedor, eres un socio que ofrece soluciones basadas en una comprensión clara de las necesidades del cliente.

Ahora que entendemos cómo utilizar BANT para mejorar nuestra comunicación, el próximo capítulo se centrará en **"SUPERAR OBJECIONES CON LA AYUDA DE BANT"**. Este capítulo será esencial para ayudarle a anticipar y responder eficazmente a cualquier duda que puedan tener sus clientes, utilizando el profundo conocimiento adquirido a través de BANT. Prepararse para superar las objeciones no es sólo un paso crucial en el proceso de ventas; También es una oportunidad para reforzar el valor de su solución y solidificar la confianza del cliente en su propuesta.

Avanzamos juntos en este viaje, armados con poderosas estrategias de comunicación que transforman interacciones simples en relaciones duraderas y ventas exitosas.

SUPERAR OBJECIONES CON LA AYUDA DE BANT

Superar las objeciones es una habilidad fundamental en el arsenal de cualquier profesional de ventas. Sin embargo, en lugar de ver las objeciones como barreras, puede verlas como oportunidades para profundizar su comprensión de las necesidades del cliente y reforzar el valor de su solución. En este capítulo, exploraremos cómo el método BANT puede ser una herramienta poderosa para anticipar y superar estas objeciones, transformando las dudas en confianza y las vacilaciones en compromiso.

ENTENDIENDO LAS OBJECIONES A TRAVÉS DE BANT

Las objeciones generalmente se clasifican en una o más categorías BANT: Presupuesto, Autoridad, Necesidad y Cronograma. Identificar la naturaleza de la objeción puede ayudarle a aplicar la estrategia adecuada para superarla:

- **Presupuesto:** "Es muy caro". Esta objeción indica preocupaciones sobre el costo. Utilice su conocimiento del presupuesto del cliente para analizar el valor, el retorno de la inversión y las opciones de pago flexibles.

- **Autoridad :** "Necesito consultar con el equipo". Cuando la objeción se refiere a la autoridad, significa que es posible que no esté hablando con quien toma la decisión final. Utilice esto como una oportunidad para involucrar a todos los tomadores de decisiones en el proceso.

- **Necesidad :** "No veo cómo encaja esto en nuestra operación". Esto sugiere una desconexión entre su solución y las necesidades percibidas del cliente. Reitere su comprensión de sus necesidades y de cómo su solución las satisface.

- **Cronología:** "Ahora no es un buen momento". Esta objeción apunta al momento oportuno. Ofrezca flexibilidad en el cronograma de implementación o resalte la urgencia de resolver el problema ahora.

ESTRATEGIAS PARA SUPERAR LAS OBJECIONES

- **Reforzar el valor:** para las objeciones relacionadas con el presupuesto, enfatice el valor agregado que ofrece su solución, incluido el potencial de ahorros a largo plazo o una mayor eficiencia.

- **Demuestre flexibilidad:** demostrar que está dispuesto a trabajar dentro de las limitaciones del cliente, ya sea a través de planes de pago personalizados o adaptando la solución para que se ajuste mejor a sus necesidades, puede ayudar a superar las objeciones presupuestarias y de plazos.

- **Educar sobre la necesidad:** utilice datos, estudios de casos y testimonios para educar al cliente sobre la necesidad de su solución. Mostrar cómo se han beneficiado otras empresas puede ayudar a superar la inercia y el escepticismo.

- Facilite el compromiso: para los clientes que dudan en tomar una decisión , ofrezca opciones que reduzcan el riesgo percibido, como garantías, soporte postventa excepcional o una versión de prueba.

- Utilice preguntas para revertir la objeción: Utilice preguntas estratégicas para comprender la raíz de la objeción y convertirla en una oportunidad para brindar más información. Por ejemplo, si la objeción es el precio, pregunte: "¿Qué aspecto de nuestro producto cree que no justifica la inversión?" Esto puede revelar malentendidos que usted puede aclarar.

VER LAS OBJECIONES COMO OPORTUNIDADES

Cada objeción es una oportunidad para profundizar su relación con el cliente. Al superar las objeciones con habilidad y empatía, demuestra su compromiso de encontrar la mejor solución a las necesidades del cliente, construyendo una base sólida de confianza y credibilidad.

Superar las objeciones es sólo una parte del proceso de ventas. En el próximo capítulo, "**INTEGRACIÓN DE BANT CON OTRAS ESTRATEGIAS DE VENTAS**", exploraremos cómo se puede combinar BANT con otras técnicas y metodologías de ventas para crear un enfoque de ventas aún más holístico y efectivo. Este capítulo le proporcionará información sobre cómo puede mejorar su estrategia general de ventas utilizando BANT como herramienta complementaria no sólo para calificar clientes potenciales sino también para cerrar ventas con éxito.

Prepárese para ampliar su repertorio de estrategias de ventas integrando el método BANT con otros enfoques para maximizar su éxito en cualquier escenario de ventas. Avanzamos juntos, equipados con las herramientas y el conocimiento necesarios para convertir cada interacción de ventas en una oportunidad exitosa.

INTEGRACIÓN DE BANT CON OTRAS ESTRATEGIAS DE VENTAS

Ahora que dominamos el método BANT y aprendimos cómo superar las objeciones utilizando este marco, es hora de explorar cómo podemos integrar BANT con otras estrategias y técnicas de ventas para crear un enfoque más sólido y holístico. Este capítulo se centra en ampliar su visión de cómo BANT puede complementar otras metodologías de ventas, ayudándole a mejorar su eficacia general de ventas, desde la generación de leads hasta el cierre de acuerdos.

COMPLEMENTAR BANT CON INBOUND MARKETING

El Inbound Marketing se centra en atraer clientes a través de contenido relevante y útil en lugar de interrupciones directas. Integrar BANT con Inbound Marketing le permite calificar clientes potenciales generados por contenido, identificando cuáles están listos para un enfoque de venta más directo:

- **Utilice contenido para educar sobre necesidades y soluciones:** los artículos, libros electrónicos y seminarios web pueden ayudar a preparar el escenario al abordar las "necesidades" de los clientes potenciales y educarlos sobre posibles soluciones.

- **Evalúe la participación para determinar el presupuesto y el cronograma:** el nivel de participación de un cliente potencial con su contenido puede brindar pistas sobre su presupuesto y cronograma, lo que permite un enfoque más personalizado.

SIN (Situación, Implicación, Necesidad-Pago) y BANT

La metodología SIN complementa BANT enfocándose primero en la situación del cliente, luego en las implicaciones de no resolver un problema específico y finalmente en la necesidad de pagar para resolver ese problema. La integración de SIN y BANT ofrece un enfoque completo que comienza con una comprensión amplia del panorama del cliente y termina con una calificación basada en criterios específicos:

- **Coincidir situación y necesidad de un diagnóstico preciso:** utilice la fase "Situación" para recopilar información detallada que pueda ayudar a identificar las "Necesidades" del cliente con mayor precisión.

- **Vincular las implicaciones con el presupuesto y el cronograma:** Las "implicaciones" de no actuar (o actuar demasiado tarde) se pueden utilizar para discutir el "Presupuesto" y el "Cronograma" necesarios para la implementación.

Integración de BANT con venta consultiva

La venta consultiva se centra en crear valor y construir relaciones sólidas, guiando al cliente a través del proceso de compra con un alto nivel de personalización. BANT se puede integrar para garantizar que los esfuerzos de venta consultiva se dirijan de manera eficiente:

- **Utilice BANT para personalizar aún más la consultoría:** la información sobre el presupuesto, la autoridad, las necesidades y el cronograma del cliente le permite adaptar sus consultas de ventas para abordar puntos específicos de interés y preocupación.

- **Autoridad y necesidades para crear soluciones personalizadas:** comprender quién tiene la autoridad para tomar decisiones y cuáles son las necesidades específicas le ayuda a dar forma a su propuesta de valor para que resuene más profundamente en el cliente.

BANT y venta social

La venta social es el proceso de desarrollar relaciones como parte del proceso de ventas, principalmente utilizando las redes sociales. BANT se puede integrar con Social Selling para calificar clientes potenciales de manera más efectiva:

- **Identificar señales BANT en interacciones sociales:** los comentarios, publicaciones e interacciones en las redes sociales pueden proporcionar información valiosa sobre el presupuesto, la autoridad, las necesidades y el cronograma de los clientes potenciales.

- Utilice información BANT para personalizar las interacciones sociales: adapte sus mensajes e interacciones en función de lo que ha aprendido sobre el cliente potencial, utilizando la Venta Social para abordar directamente los criterios BANT.

A medida que integramos BANT con diversas estrategias de ventas, es igualmente importante explorar las herramientas y tecnologías disponibles que pueden respaldar y mejorar esta integración. En el próximo capítulo, **"HERRAMIENTAS Y TECNOLOGÍAS PARA APOYAR A BANT"**, profundizaremos en las soluciones digitales que pueden facilitar la aplicación de BANT en el proceso de calificación de clientes potenciales, desde CRM y plataformas de automatización de marketing hasta análisis de datos y herramientas de inteligencia artificial.

Prepárese para descubrir cómo la tecnología puede simplificar y mejorar su aplicación del método BANT, permitiéndole concentrarse en lo que realmente importa: construir relaciones significativas con sus clientes y cerrar más ventas. Avancemos juntos en este viaje para transformar no solo la forma en que vendemos, sino también la forma en que creamos valor duradero para nuestros clientes.

HERRAMIENTAS Y TECNOLOGÍAS PARA APOYAR A BANT

La aplicación eficaz del método BANT en sus estrategias de ventas se puede mejorar significativamente con el uso de herramientas y tecnologías modernas. Este capítulo explora una variedad de soluciones digitales que pueden facilitar la calificación de clientes potenciales, recopilar los datos necesarios para BANT y personalizar sus enfoques de ventas. Desde sistemas de gestión de relaciones con el cliente (CRM) hasta plataformas de automatización de marketing y herramientas de inteligencia artificial, el ecosistema de tecnología de ventas ofrece potentes capacidades para maximizar la eficiencia y eficacia de sus estrategias de ventas.

GESTIÓN DE RELACIONES CON EL CLIENTE (CRM)

Los sistemas CRM son esenciales para gestionar la información de clientes potenciales y clientes, permitiendo un seguimiento eficaz durante todo el ciclo de ventas. Proporcionan una base sólida para aplicar el método BANT, almacenando detalles sobre el presupuesto del cliente, personas clave con autoridad para tomar decisiones, necesidades específicas y cronograma de compra.

   - Funciones clave: registre y acceda fácilmente a información sobre las interacciones con los clientes, administre tareas y recordatorios de seguimiento, y analice el proceso de ventas para comprender mejor dónde enfocar sus esfuerzos.

PLATAFORMAS DE AUTOMATIZACIÓN DE MARKETING

La automatización del marketing puede desempeñar un papel crucial en la calificación de clientes potenciales a través de BANT, nutriéndolos con contenido personalizado basado en sus interacciones pasadas y los datos recopilados.

- **Cómo utilizarlo:** utilice campañas de correo electrónico segmentadas para abordar las necesidades específicas de los clientes potenciales, califique a los clientes potenciales en función de su participación para medir el presupuesto y el interés, y automatice el seguimiento en función del comportamiento del cliente potencial que sugiere un cambio en su cronograma de compra.

HERRAMIENTAS DE ANÁLISIS DE DATOS E INTELIGENCIA ARTIFICIAL

Las soluciones de análisis de datos e inteligencia artificial pueden proporcionar información detallada sobre el comportamiento de los clientes potenciales, ayudando a pronosticar presupuestos, identificar a los tomadores de decisiones, comprender las necesidades no expresadas y estimar los plazos de compra.

- **Implementación: Aplicar** algoritmos de máquina aprendiendo a analizar el historial de interacciones y transacciones, identificando patrones que indican la disposición del cliente potencial para comprar. Utilice chatbots con tecnología de inteligencia artificial para recopilar información preliminar sobre BANT durante las interacciones iniciales con el sitio web.

HERRAMIENTAS DE INTELIGENCIA DE VENTAS SOCIAL Y VENTAS

social , respaldada por herramientas de inteligencia de ventas, permite a los vendedores conectarse con clientes potenciales en las redes sociales, recopilando información valiosa que puede usarse para la calificación BANT.

- **Ventajas:** supervise debates y publicaciones en plataformas sociales para identificar clientes potenciales con necesidades específicas, reconocer autoridades dentro de las organizaciones y comprender mejor el momento ideal para la participación.

CONSIDERACIONES AL ELEGIR TECNOLOGÍAS

Al seleccionar herramientas y tecnologías para respaldar la aplicación del método BANT, considere:

- **Integración con otras herramientas:** la capacidad de integrarse con otras plataformas utilizadas por su equipo de ventas y marketing es crucial para un flujo de trabajo eficiente.

- **Escalabilidad:** Elija soluciones que puedan crecer con su empresa, adaptándose a los cambios en el volumen de leads y la complejidad de las ventas.

- **Usabilidad:** las herramientas intuitivas que sean fáciles de adoptar por el equipo son esenciales para garantizar que se utilizarán de manera efectiva.

Con las herramientas adecuadas a mano, el siguiente paso es garantizar que su equipo esté bien capacitado y preparado para utilizar el método BANT y las tecnologías asociadas con la máxima eficiencia. En el próximo capítulo, **"FORMACIÓN Y DESARROLLO DE HABILIDADES EN BANT"**, cubriremos estrategias para empoderar a su equipo de ventas, asegurando que estén equipados no solo con las herramientas, sino también con el conocimiento y las habilidades necesarias para aplicar BANT de manera efectiva en sus interacciones de ventas.

Prepárese para invertir en el desarrollo de su equipo, ya que combinar habilidades mejoradas con tecnología avanzada es la clave para transformar el proceso de calificación de clientes potenciales e impulsar el éxito de las ventas.

FORMACIÓN Y DESARROLLO DE HABILIDADES EN BANT

La efectividad del método BANT no sólo depende de la estrategia o las herramientas tecnológicas utilizadas, sino fundamentalmente, del nivel de habilidad del equipo de ventas en la aplicación de este método. Por lo tanto, invertir en la formación y el desarrollo continuo de estas habilidades es vital para maximizar el éxito en las ventas. Este capítulo se centra en estrategias efectivas para capacitar a su equipo sobre los matices de BANT, garantizando que todos puedan identificar, calificar y convertir clientes potenciales de manera más eficiente.

FUNDAMENTOS DEL ENTRENAMIENTO BANT

- **Comprensión profunda de cada componente:** el primer paso es garantizar que el equipo tenga una comprensión sólida de cada aspecto de BANT: presupuesto, autoridad, necesidad y cronograma. Esto incluye reconocer cómo cada uno de estos elementos influye en el proceso de decisión de compra y cómo identificarlos durante las interacciones con los clientes.

- **Simulaciones y juegos de roles: el uso de simulaciones y** ejercicios de juegos de roles puede ser extremadamente efectivo para capacitar al equipo en la aplicación de BANT en situaciones reales. Estas actividades ayudan a desarrollar habilidades prácticas, como hacer las preguntas correctas para descubrir información sobre BANT y cómo responder adecuadamente a las objeciones de los clientes.

- Uso de herramientas tecnológicas: Capacita a tu equipo no solo en el aspecto teórico de BANT, sino también en el uso efectivo de herramientas tecnológicas que soporten la aplicación de este método. Esto incluye CRM, automatización de marketing, análisis de datos y plataformas de inteligencia de ventas.

ESTRATEGIAS DE ENTRENAMIENTO AVANZADO

- Formación continua: la formación BANT no debe ser un evento único, sino un proceso continuo. Esto puede incluir sesiones periódicas de actualización, talleres y seminarios web para mantener al equipo informado sobre las mejores prácticas y las nuevas tendencias en ventas.

- Retroalimentación y entrenamiento: implementar un sistema de retroalimentación constructiva y entrenamiento individualizado puede ayudar a identificar áreas específicas de mejora para cada miembro del equipo y brindar orientación personalizada para el desarrollo de habilidades.

- Certificaciones de ventas: Fomentar o incluso subsidiar la obtención de certificaciones de ventas profesionales para su equipo puede aumentar significativamente el nivel de competencia y confianza en la aplicación de BANT y otras estrategias de ventas.

MEDICIÓN DEL ÉXITO DE LA FORMACIÓN

- **Evaluación de desempeño:** Utilice métricas de desempeño específicas para evaluar el impacto de la capacitación en el proceso de ventas. Esto puede incluir la tasa de conversión de clientes potenciales calificados, el ciclo de ventas promedio y la satisfacción del cliente.

- **Comentarios de los participantes:** obtener comentarios directos del equipo sobre la efectividad de la capacitación puede proporcionar información valiosa para futuros ajustes y mejoras.

Con un equipo bien capacitado y dotado de las habilidades necesarias para aplicar el método BANT de manera efectiva, el siguiente paso es poner este conocimiento en práctica. En el próximo capítulo, **"PLAN DE ACCIÓN DE 30 DÍAS PARA IMPLEMENTAR BANT "**, presentaremos una guía paso a paso que le ayudará a usted y a su equipo a integrar BANT en sus rutinas de ventas, estableciendo objetivos claros y acciones específicas para mejorar la calificación de los clientes potenciales. y aumentar las conversiones.

Prepárese para embarcarse en un viaje de implementación estructurado, convirtiendo la teoría en práctica y maximizando el potencial de ventas de su equipo con el poder de BANT.

PLAN DE ACCIÓN DE 30 DÍAS PARA IMPLEMENTAR BANT

Una vez que haya equipado a su equipo con el conocimiento y las herramientas necesarias para aplicar eficazmente el método BANT, es hora de poner esta teoría en práctica. Este capítulo presenta un plan de acción detallado de 30 días diseñado para integrar BANT en sus rutinas de ventas y mejorar significativamente la calificación de clientes potenciales y las tasas de conversión. Si sigue este plan, usted y su equipo estarán en el camino correcto para lograr resultados de ventas más eficientes y predecibles.

SEMANA 1: ESTABLECIMIENTO DE METAS Y PREPARACIÓN

Día 1-2: Revisión de los fundamentos de BANT

- Realizar una sesión de revisión con el equipo para asegurar la comprensión del método BANT.

- Discutir ejemplos prácticos y escenarios donde se puede aplicar BANT.

Día 3: Establecer objetivos específicos

- Establecer objetivos claros para implementar BANT, incluidos los aumentos deseados en la calificación y conversión de clientes potenciales.

Día 4-5: Preparación de materiales y herramientas.

- Garantizar que todas las herramientas de CRM y tecnologías de ventas estén configuradas para admitir la recopilación y el análisis de datos BANT.

- Desarrollar guiones y listas de verificación basados en BANT para guiar al personal a través de las interacciones con los clientes.

SEMANA 2: IMPLEMENTACIÓN Y PRÁCTICA

Día 6-10: centrarse en la aplicación práctica

- El equipo debe comenzar a aplicar activamente el método BANT en todas las interacciones de ventas.

- Utilizar juegos de rol y simulaciones para reforzar el uso de BANT en situaciones reales.

- Iniciar un libro de registro o sistema de registro para realizar un seguimiento de la aplicación de BANT y de los resultados obtenidos.

SEMANA 3: ANÁLISIS Y AJUSTES

Día 11-17: Monitoreo y análisis de resultados

- Monitorear las interacciones de ventas utilizando CRM y herramientas de análisis para evaluar la efectividad de BANT.

- Recopilar comentarios del equipo sobre los desafíos y éxitos en la aplicación del método.

Día 18-20: Ajustes basados en comentarios

- Con base en los datos recopilados y los comentarios del equipo, realizar ajustes en los enfoques y herramientas utilizados.

- Llevar a cabo sesiones de capacitación adicionales si es necesario para abordar las brechas identificadas.

SEMANA 4: CONSOLIDACIÓN Y PLANIFICACIÓN FUTURA

Día 21-24: Refuerzo de la aplicación BANT

- Continuar enfatizando la importancia de BANT en las rutinas diarias de ventas.

- Compartir historias de éxito y mejores prácticas dentro del equipo para motivar e inspirar.

Día 25-27: Evaluación de resultados

- Evaluar el progreso frente a las metas establecidas al inicio del plan de acción.

- Identificar áreas de éxito y aquellas que aún requieren mejora.

Día 28-30: Planificación para el futuro

- Con base en los resultados y aprendizajes del mes, desarrollar un plan para la implementación continua de BANT.

- Establecer objetivos a largo plazo para la integración continua de BANT en las estrategias de ventas.

Al final de este plan de acción de 30 días, su equipo no sólo tendrá una comprensión más profunda del método BANT, sino que también habrá experimentado su aplicación práctica en situaciones de ventas del mundo real. Lo importante es mantener el impulso, seguir perfeccionando y adaptando las estrategias de ventas en función del BANT y del feedback recopilado. Recuerde, la excelencia en ventas es un viaje continuo de aprendizaje, adaptación y crecimiento. Con BANT como una de sus herramientas principales, estará bien posicionado para maximizar el éxito de las ventas y construir relaciones duraderas con sus clientes.

Al pasar juntos la página final de este viaje, espero sinceramente que los aprendizajes compartidos aquí hayan tocado su corazón y hayan generado nuevas perspectivas. Si este libro le ha aportado algún valor, le pido que se tome unos minutos para dejar una reseña en Amazon. Tus palabras no sólo me ayudan a crecer y perfeccionar mi oficio, sino que también guían a otros lectores en su búsqueda de conocimiento e inspiración. Tu opinión es un regalo valioso, tanto para mí como para la comunidad de lectores que buscan historias que transformen. Sinceramente les agradezco por compartir este viaje conmigo y espero que podamos volver a encontrarnos en las páginas de una nueva aventura.

REGINALDO OSNILDO

Hola, soy Reginaldo Osnildo, autor e innovador en las áreas de ventas, tecnología y estrategias de comunicación. Mi experiencia abarca desde el ámbito académico, como profesor e investigador de la Universidad del Sur de Santa Catarina, hasta ejercer como estratega en el Grupo Catarinense de Rádios. Con un doctorado en narrativas de ventas y convergencia digital, y una maestría en narración e imaginario social, ofrezco a mis lectores una fusión única de teoría y práctica. Mi objetivo es aportar conocimientos en un lenguaje sencillo, práctico y didáctico, fomentando su aplicación directa en la vida personal y profesional.

Tuyo sinceramente

Reginaldo Osnildo